CB055393

Éramos tão frágeis
Érem tan fràgils

Ricard Martínez Pinyol

Éramos tão frágeis
Érem tan fràgils

Tradução/Traducció
Claudio Ferlauto
Ricard Martínez Pinyol

LARANJA ● ORIGINAL

© 2022 Ricard Martínez Pinyol
Todos os direitos desta edição reservados à Laranja Original.
www.laranjaoriginal.com.br

Edição Filipe Moreau
Design Claudio Ferlauto
Produção executiva Bruna Lima

Dados Internacionais de Catalogação na Publicação (CIP)
(Câmara Brasileira do Livro, SP, Brasil)

Pinyol, Ricard Martínez
    Éramos tão frágeis : Érem tan fràgils / Ricard Martínez Pinyol ;
[tradução/traducció Claudio Ferlauto, Ricard Martínez Pinyol].
— São Paulo : Laranja Original, 2022.

    Edição bilíngue : português/catalão.
    ISBN 978-65-86042-64-1
    1. Poesia catalã I. Título. II. Érem tan fràgils
    22-139993   CDD-849.91

Índices para catálogo sistemático:
    1. Poesia : Literatura catalã 849.91

    Inajara Pires de Souza – Bibliotecária – CRB PR-001652/O

Laranja Original Editora e Produtora Eireli
Rua Capote Valente 1198 05409-003 São Paulo SP
Tel. 11 3062 3040
contato@laranjaoriginal.com.br

Sumário/Sumari

Prólogo/Pròleg_11

1 Tinta de árvore/Tinta d'arbre_17

2 Espelhos de sal/Espills de sal_45

Agradecimentos/Agraïments

Nosso muito obrigado aos amigos que dividiram generosamente este trabalho conosco. Em especial a Gabriel de la S. T. Sampol, que revisou os textos, e a Rafel Joan Oliver, autor da litografia da capa. Também nossos agradecimentos a Veronika Paulics por suas precisas observações sobre os poemas e a tradução.

Moltes gràcies als amics que van compartir generosament aquest treball amb nosaltres. En concret, a Gabriel de la S. T. Sampol, que va corregir els textos de la traducció, i a Rafel Joan Oliver, autor de la litografia de la portada. També el nostre agraïment a Veronika Paulics per les seves observacions precises sobre els poemes i la traducció.

Prólogo/Pròleg
Veronika Paulics
Imagens/Imatges
Claudio Ferlauto, Ricard Martínez Pinyol e Paulo Gil

Algaida, Mallorca/São Paulo
2022

a palavra: pessoa, árvore

veronika paulics

aproximar-se das palavras – noite, pássaro, mãe – como quem se aproxima de uma pessoa. no primeiro contato, uma foto quase imóvel, retrato três por quatro. que cresce e, pouco a pouco, ganha vida, ganha camadas futuras de histórias, sensações e memória de passados. um dia, a palavra, como um velho amigo, se torna um movimento dentro do tempo, se torna uma palavra no nosso tempo. e pensamos conhecê-la.

aproximar-se das palavras, como quem se aproxima de uma árvore e delicadamente identifica seus anéis, o registro de uma trajetória de longos invernos, outonos, as primaveras com seus vários tons, trabalhar a palavra é descobrir a seiva que a percorre e alimenta folhas, flores, nudez. é encontrar na palavra o sal, a tinta, reconhecê-la.

a poesia de ricard martínez pinyol desvenda erecria o mistério de mil palavras que pensávamos conhecer. leva-nos para dentro de um país particular e nos apresenta as palavras agora preenchidas de novas memórias e sentidos. faz-nos transitar entre aquelas que falam de diferentes mundos. levados pela sua escrita, que tantas vezes parece mais pintura que poesia, mergulhamos na magia de descobrir palavras e desvendá-las, de revelá-las, de aprender e apreender os mistérios que se escondem em seus cantos, entre as sílabas e sons, e assim elas se expandem universo e cor.

em *éramos tão frágeis*, «preservamos a aura da beleza nos estames das estampas, e nos maravilhamos ao mergulhar no coração despedaçado das pedras preciosas» onde pulsa a poesia, em suas palavras.

Barcelona, 2022

la paraula: persona, arbre

veronika paulics

aproximar-se a les paraules – nit, ocell, mare – com qui s'aproxima a una persona. en el primer contacte, un retrat quasi immòbil, una foto de carnet. que creix i, a poc a poc, guanya vida, guanya capes futures d'històries, sensacions i memòria de passats. un dia, la paraula, com un vell amic, esdevé un moviment dins del temps, esdevé una paraula en el nostre temps. i pensem que la coneixem.

aproximar-se a les paraules, com qui s'aproxima a un arbre, i delicadament identifica els seus anells, el registre d'una trajectòria de llargs hiverns, tardors, les primaveres amb els seus distints tons. treballar la paraula és descobrir la saba que la recorre i alimenta fulles, flors, nuesa. és trobar en la paraula la sal, la tinta, reconèixer-la.

la poesia de ricard martínez pinyol manifesta i recrea el misteri de mil paraules que pensàvem que coneixíem. ens endinsa en un país particular i ens presenta les paraules ara plenes de noves memòries i sentits. ens fa transitar entre aquelles que parlen de diferents mons. portats per la seva escriptura, que tantes vegades sembla més pintura que poesia, ens submergim en la màgia de descobrir paraules i manifestar-les, de revelar-les, d'aprendre i aprehendre els misteris que s'amaguen en els seus racons, entre les síl·labes i els sons, i així elles es transformen en univers i color.

en *érem tan fràgils*, «hem preservat l'aura del bell en els estams de les estampes, i ens hem meravellat submergint-nos en el cor esberlat de les gemmes» on batega la poesia, en les seves paraules.

Barcelona, 2022

J'ai un message et je te le dirai
J'ai un ordre et je le répéterai
C'est le message de l'arbre
Et le chuchotement de la pierre
Le gémissement des cieux avec la terre
Et de l'océan avec les étoiles
Je créerai l'éclair pour que tu instruises les cieux
Que tu fasses connaître aux homes le message
Et que tu le fasses comprendre
Aux foules qui peuplent la terre

Trecho extraído de um poema de autor anônimo
(Séculos XIV–XV a.C.) escrito em uma tabuleta
de argila, traduzido da língua ugarítica
por Charles Virolleaud.

Versió del fragment d'un poema d'autor anònim
(s. XIV–XV a.C.) escrit en llengua ugàrica
damunt d'una tauleta d'argila.

Claudio Ferlauto

1
Tinta de árvore
Tinta d'arbre

L'arbre que creix
Al fons dels ulls
Regalima i t'abraça
Amb les arrels
Desclou la llum
Congria fruits
Va cap a tu
Encén paraules.

A árvore que cresce
No fundo dos olhos
Escorre e te abraça
Com as raízes
Abre a luz
Congrega frutos
Vai em tua direção
Ilumina palavras.

SERAFINS I ARBRES

Com els ulls pintats que apareixen constel·lats damunt les mans,
les ales i altres parts del cos d'alguns animals i figuracions
angèliques en l'art romànic, així també sembla que alguns arbres
ens observen des dels seus grops. A l'escorça de nogueres,
oms o pins creixen obscurs regruixos amb forma d'ulls.
Nusos de fusta que guarden el secret boscà d'una mirada.

SERAFINS E ÁRVORES

Como os olhos pintados que aparecem repetidos nas mãos,
nas asas e em outras partes do corpo de alguns animais
e de representações angélicas na arte românica, também parece
que algumas árvores nos observam desde os seus galhos. Na casca
de nogueiras, olmos ou pinheiros crescem grumos em forma de olhos.
Nós de madeira que protegem o segredo da floresta em um olhar.

ELS MONS VAN TESANT L'ARC

Centelleja el firmament i els dies naveguen. Llunyà s'escolta
el bramul i el retop dels còdols contra els còdols. Els mons tesen
l'arc. Una ombra sorrenca colga runes i cendres. Rere el vidre,
regalimen els estels i els espectres d'uns xiprers de flames negres
els assetgen.
    Hem preservat l'aura del bell en els estams de les estampes,
i ens hem meravellat submergint-nos en el cor esberlat de les gemmes.
En somnis, hem conegut l'insospitat i l'estrany. La veritat ha mort,
les connexions fallen. El futur són ossos escurats, una boca sense
alè, uns ulls transparents sense mirada. I si pogués aquesta nit
enfonsar les mans dins la nit roja?
    Ocells flamants m'ullprenen a trenc d'alba.

OS MUNDOS TENSIONAM O ARCO

Cintila o firmamento e os dias navegam. Distante se ouve o rumor e o retumbar de seixos contra seixos. Os mundos tensionam o arco. Uma sombra arenosa recobre escombros e cinzas. Atrás do vidro, escorrem as estrelas e os espectros dos ciprestes de chamas negras as assediam.

Preservamos a aura da beleza nos estames das estampas, e nos maravilhamos ao mergulhar no coração despedaçado das pedras preciosas. Em sonhos, conhecemos o insuspeitável e o estranho. A verdade morreu, as conexões falham. O futuro são ossos nus, uma boca sem hálito, uns olhos transparentes sem olhar. E se eu pudesse esta noite afundar minhas mãos na noite vermelha?

Pássaros flamejantes me surpreendem ao raiar do sol.

> *In my seashaken house,*
> *On a breakneck of rocks*
> *Tangled with chirrup an fruit*
> *Froth, flute, fin, and quill*
> *At a wood's dancing hoof,*
> *By scummed starfish sands*
>
> DYLAN THOMAS

LIVER

Vàrem fer tard. Ara fem temps a la riba. Esperem la baixamar
per poder caminar damunt de l'aigua fins al faralló de Little Eye.
A la desembocadura, on riu i mar es fonen, s'apleguen ara les foques
que alcen els seus caps sobre les ones.
   Xisclen les gavines, i una jove enmig del carrer agafa al vol
una dona que es desmaia. Els ulls verds del sol lluiten amb el roig
dels tovots de les cases de Gal·les. Lluiten amb els petits castells
bastitssobre cingles i tossals que atalaien roques i pastures fins a l'oceà.
Sobre els prats esgrogueïts una au rapinyaire volava fent cercles
després de devorar el fetge d'una llebre.
   M'agrada aquest sol rabent que ara surt, que ara es tapa,
el verd lluent de les arbredes abocades al riu sota el plugim,
mentre l'estiu avança lluminós sobre els esculls, les groselles,
els aranyons i les ortigues.

> *In my seashaken house,*
> *On a breakneck of rocks*
> *Tangled with chirrup and fruit,*
> *Froth, flute, fin, and quill*
> *At a wood's dancing hoof,*
> *By scummed starfish sands*
>
> Dylan Thomas

FÍGADO

Chegamos tarde. Agora damos um tempo na costa. Esperamos a maré baixa para caminhar sobre a água até a rocha Little Eye. Na desembocadura, onde o rio e o mar se fundem, as focas se reúnem e erguem as cabeças sobre as ondas.

   As gaivotas gritam, e uma jovem no meio da rua pega no ar uma mulher que desmaia. Os olhos verdes do sol lutam com o vermelho dos tijolos das casas de Gales. Lutam com os pequenos castelos construídos sobre as falésias e penhascos que vigiam rochas e pastagens até o oceano. Sobre os prados amarelados, uma ave de rapina voava traçando círculos depois de devorar o fígado de uma lebre.

   Adoro este sol brilhante que ora surge, ora se oculta, o verde reluzente do arvoredo inclinado sobre o rio debaixo da chuva, enquanto o verão avança luminoso sobre os recifes, as groselhas, os abrunhos e as urtigas.

L'home és a Déu el que la pupil·la a l'ull
Ibn' Arabī

CEMENTIRI DE FES

D'un minaret a un altre, surant sobre els terrats de la medina, es barregen les veus que conviden a la pregària.

 Al cementiri del bastió devastat del nord hi jau, prenent el sol, a tocar de les tombes, un ramat de xais i cabres. Quatre corbs s'hi entremesclen i dos gossos menuts el guarden. En aquest puig pelat de terra roja, la blancor de les làpides t'enlluerna, i la mala herba creix sobre la terra dels sepulcres, damunt dels ossos, on s'ha fet el jaç una cabra. Hi ha un home esmerlit, cara eixuta i barbamec, que se m'acosta amb un fardell per vendre'm per pocs dírhams una estora. Em diu que és la seva senyora qui l'ha teixida a mà, allà, al peu de les muntanyes. Ella, però, carrega branques per a encendre el foc, cuina i cuida de l'hortet, dels animals i de la mainada.

 Una resignació malenconiosa li tenyeix el front cremat. Solitud, pols i sol s'enfonsen dins els seus ulls esmerilats, i el record de la pluja que abans d'ahir va banyar la terra.

> *O homem é a Deus o que a pupila é ao olho*
> Ibn' Arabï

CEMITÉRIO DE FEZ

De um minarete a outro, flutuando sobre os terraços da medina, misturam-se as vozes que convidam à oração.
   No cemitério do baluarte devastado do norte descansa, tomando sol, próximo às tumbas, um rebanho de cordeiros e cabras. Quatro corvos estão ali e dois cães pequenos o guardam. Nesta colina de terra vermelha e sem árvores, a brancura das lápides te deslumbra, e as ervas daninhas crescem dentro das sepulturas, sobre os ossos, onde uma cabra fez seu leito. Há um homem magro, com o rosto curtido e imberbe que se aproxima de mim para me vender um tapete por alguns poucos dirhams. Ele me diz que foi sua mulher quem o teceu à mão, ali, ao pé das montanhas. Ela, no entanto, carrega galhos para acender o fogo, cozinha e cuida da horta, dos animais e das crianças.
   Uma resignação melancólica marca sua testa queimada. Solidão, poeira e sol submergem em seus olhos foscos, e a lembrança da chuva que anteontem banhou a terra.

Thine is the stillest night
EMILY DICKINSON

LA NIT MÉS ENCALMADA

Una tarda la vaig veure amb els ulls clucs i enfredorits, el rostre dolç, la pell gelada. Res no li feia mal, no patia, no alenava. Estirada i blanca, era un àngel amb un ram de nards sobre el cor. El temps es va deturar. Plovia i plovia dins dels meus ulls. Camí de l'espurna, ella ja s'havia escapolit fins a un estel. Descansava en una pau profunda. Tots sabíem que aquella era la seva nit més encalmada.

a ma mare

> *Thine is the stillest night*
> Emily Dickinson

A NOITE MAIS CALMA

Uma tarde a vi com os olhos fechados e frios, o rosto doce, a pele gelada. Nada lhe fazia mal, não sofria, não respirava. Esticada e branca, era um anjo com um buquê de nardos sobre o coração. O tempo se deteve. Chovia e chovia nos meus olhos. A caminho d'uma centelha, ela já havia escapulido para uma estrela. Descansava em uma paz profunda. Todos sabíamos que aquela era sua noite mais calma.

para minha mãe

EL SOMNI DE L'ALJUB

Un raig de llum s'esmuny dins d'un aljub. Cau una gota
i somou la quietud. Sota els ulls clucs creixen anelles d'aigua
i, quan el darrer cercle toca la vora i retorna, el que emergeix
de la fosca són formes intangibles, aurèoles que ballen
al sostre de la volta.

O SONHO DA CISTERNA

Um raio de luz desliza dentro de uma cisterna. Cai uma gota
e a quietude se rompe. Sob os olhos fechados crescem anéis de água,
e quando o último círculo toca a borda e retorna, o que emerge
da penumbra são formas intangíveis, auréolas que dançam
no teto abobadado.

PRINCIPI I FI

Hi ha la mar que abraça una illa a la deriva, una illa que un dia
s'assemblà al paradís. Cant de carena, d'olivars i cadernera,
cant de garriga i de pinars, de call vermell, d'ametllers i figuerals.
Cant de bromera i de salobre, de fonoll, d'albons, vinyes i comellars.
  Torna el sol i les olors de les tardes incandescents que
bronzejaven els cossos. Tornen les veus i el record d'uns
peus nus damunt l'arena, d'un banc de moixarres mirotejant
entre la posidònia. Resta el desig i una lluor alada del que s'esvaí.
Resta el batec quan res ja no és, i tot esdevé principi i fi.

PRINCÍPIO E FIM

Há o mar que abraça uma ilha à deriva, uma ilha que um dia
se assemelhou ao paraíso. Canto de cordilheira, de oliveiras e pintassilgo,
canto de garriga e de pinheiros, de terra vermelha, de amendoeiras
e figueiras. Canto de espuma e salitre, funcho, asfódelos, vinhas e combas.
   Voltam o sol e os aromas das tardes incandescentes que
bronzeavam os corpos. Voltam as vozes e a lembrança de uns
pés nus sobre a areia, de um cardume de dourados espreitando
entre as posidônias. Resta o desejo e um brilho alado do que se esvaiu.
Resta o batimento quando nada já não é, e tudo se torna princípio e fim.

FOREST VIDRIADA

Enceses, però ja mortes, fulles d'alzines i roures, salzes i faigs s'acaramullen congriant un mosaic de formes color violeta i saura. La terra amarada cova vida sota l'humus i els diamants atrapats dins l'argelaga. Clovelles buides d'eriçó omplen el sotabosc dels castanyers i, amb color de rovell, lluen les soques de les alzines sureres escorxades. Tempteja entre les fulles el roig viu de les cireres d'arboç que engaten. Però tu, on ets?
   Llisquem i renaixem al cor de la llum, mentre el món es podreix a la vora de les fulles de coure, dels escorrancs i dels cavalls.

FLORESTA ENVIDRAÇADA

Vermelhas, mas mortas, folhas de carvalhos e azinheiras, salgueiros e faias se superpõem, criando um mosaico de formas de cores violetas e ocres. A terra molhada incuba vida sob o húmus e os diamantes presos no tojo. Cascas vazias de ouriço enchem o mato das castanheiras e, com a cor de ferrugem, brilham os troncos dos carvalhos sem casca. Busca entre as folhas o vivo vermelho das cerejas de medronheiro. Mas onde você está?

Deslizamos e renascemos no coração da luz, enquanto o mundo apodrece à beira das folhas de cobre, dos córregos e dos cavalos.

LA CENDRA DELS ESPILLS

Alena amb tu. Alena amb el llamp que parla. Esquelet elèctric que
s'arbora com una radiografia que s'esfuma dins la negra nit.
Aquella virtut que llumeja als ulls i a les mans és la clarividència d'una
nebulosa d'imatges. Afloraments siderals esperonen les ombres
en la cendra dels espills.
   La muntanya, volum indicible s'aixeca, aguda aresta, massissa.
Suau, sense veure'l, acut el vent i quan bufa fort doblega els troncs,
remou i esfulla el boscam, travessa el teu cor, te l'encalma.
   Als ombradius, vora fonts i clarianes, els arbres xiuxiuegen
amb la seva veu verda. En la frondositat humida de la terra, les arrels
empenyen els troncs que s'eleven cap un cel de verds més blaus.
Sense son, l'aire i la llum s'esmunyen entre les fulles i un home,
amb els seus pigments i pinzells, excava, delimita i enlaira la seva
fèrtil muntanya.

A Horacio Sapere i *Els secrets de la muntanya*

A CINZA DOS ESPELHOS

Respira com você. Respira com o raio falante. É um esqueleto elétrico que se ramifica. Uma radiografia que se esfuma na noite negra. Essa virtude que brilha nos olhos e as mãos é a clarividência de uma nebulosa de imagens. Afloramentos siderais espoream as sombras na cinza dos espelhos.

A montanha, volume indizível, ergue-se, aguda aresta maciça. Suave, sem ser visto, o vento sopra e quando sopra forte dobra os troncos, agita e esmaga a floresta, atravessa o teu coração, acalma-o.

Nas sombras, à beira das fontes e clareiras, as árvores sussurram com sua voz verde. Na exuberância úmida da terra, as raízes empurram os troncos, que sobem em direção a um céu de verdes mais azuis. Sem dormir, o ar e a luz deslizam entre as folhas e um homem com os seus pigmentos e pincéis escava, delimita e eleva sua fértil montanha.

A Horácio Sapere e *Os segredos da montanha*

SIDELIGHT

Cap al tard ens apropem al camí errant del riu. Ens aboquem al verd gastat del seu frissós passar que llima els pilars dels ponts i les vores. Quan el cabal decreix, apareixen branques pelades i còdols enllotats i l'aigua trena fuents corrents que, sense fi, s'esfilagarsen.

    A les baranes del riu es besen amb passió els amants. No saben que el desig crema ni que una fletxa amb curare els podria paralitzar el cor. L'ànima, sempre a mercè del dolor o la felicitat, navega entre dues ribes temptada pel diable. Només la guineu, l'esquirol o el conill seran els teus fidels aliats, quan una nit gelada passis entre els oms i la boira, i cobegis de submergir-te dins d'uns altres ulls o uns altres braços. Només els animals coneixen el sender secret que et menaria a un altre somni quan deixis de ser part de l'ombra d'aquest somni.

Riu Tàmesi, Londres

SIDELIGHT

No fim da tarde tomamos o caminho errático do rio. Nos assomamos ao verde desgastado do seu imparável passar que pule os pilares das pontes e as bordas. Quando o fluxo diminui aparecem galhos pelados e seixos enlameados e a água trança as correntes que, sem fim, se desfiam.
No balaústre do rio se beijam com paixão os amantes. Não sabem que o desejo queima e, como uma flecha com curare, poderia paralisar-lhes o coração. A alma, sempre à mercê da dor ou da felicidade, navega entre duas margens tentada pelo diabo.
Só a raposa, o esquilo ou o coelho serão seus aliados fiéis, quando numa noite gelada ao passar entre os olmos e a neblina, você desejar mergulhar em outros olhos ou outros braços. Só os animais conhecem a trilha secreta que o conduziria a um outro sonho quando você deixa de fazer parte da sombra deste sonho.

Rio Tâmisa, Londres

VÒRTEX

Descriure la bellesa i la delicadesa d'una closca prima. Escriure amb la tinta dels arbres i amb les guspires dels sols de les Plèiades. Escriure amb les corbes del teu cos i el cristall esberlat de l'ànima. Sentir els passos d'algú que no vindrà. Dir-te a cau d'orella la caverna o les perles dels teus ulls, el seu besllum, el trau i la rosa. Ensumar la fusta seca que no cremarà, el buc obscur de ningú. Palpar l'inconegut, descobrir una fotografia cremada, un arbre daurat, el quadre mai no vist. Intuir el camí que du enlloc.
Dir el verí i la droga, la passió i el dolor sostingut. Dir l'espina clavada i l'enigma, el destret, els ulls de la fera que et fiten, la cruesa. Descriure la nuesa, el color d'una imatge mai no vista, la soledat, la llum i la seva durada. Enfonsar la punta dels dits en la neu i fer osques als ossos del temps. Dir el vincle i les dernes del malmès, l'exaltació de la ment quan reneix. Dir el sol negre amb tinta rogenca, dir l'encís, el compromís, el desafiament, la lletra ardent, l'esquinç.

VÓRTICE

Descrever a beleza e a delicadeza de uma casca fina. Escrever
com a tinta das árvores e com as centelhas dos sóis das Plêiades.
Escrever com as curvas do teu corpo e o cristal estilhaçado da alma.
Sentir os passos de alguém que não virá. Dizer-te ao pé do ouvido
sussurrando a caverna ou as pérolas dos teus olhos, seu brilho, a ferida
e a rosa. Cheirar a madeira seca que não queimará, o vazio escuro
de ninguém. Apalpar o desconhecido, descobrir uma fotografia queimada,
uma árvore dourada, o quadro nunca visto. Intuir o caminho que leva
a lugar algum. Dizer o veneno e a droga, a paixão e a dor sustentada.
Dizer o espinho preso e o enigma, a aflição, os olhos da fera que te fitam,
a crueldade. Descrever a nudez, a cor de uma imagem nunca vista,
a solidão, a luz e a sua duração. Afundar as pontas dos dedos
na neve e fazer entalhes nos ossos do tempo. Dizer o vínculo e as
lascas do estragado, a exaltação da mente quando renasce. Dizer o sol
negro com tinta avermelhada, dizer o charme, o compromisso, o desafio,
a letra ardente, a rasgadura.

OCELLS

Sempre n'hi ha un que s'arrisca en trànsit vers la llum. Sempre n'hi ha un que, quan fa bon temps, canta al sol entre les branques. El teu esperit malferit l'escolta amatent, i els teus ulls es delecten contemplant la seva dansa. No saps discernir si és la innocència i la vivesa dels seus ulls rodons o bé el seu cos calent i petit de plomatge terrós i vinçat allò que, en aparença, t'exalta abans que en un tres i no res sigui ja a una altra banda.

PASSARINHOS

Sempre tem um que se arrisca a transitar contra a luz. Sempre tem um que, quando faz bom tempo, canta ao sol entre os ramos. O teu espírito ferido o escuta atento, e os teus olhos se deleitam a contemplar a sua dança. Não sabes discernir se é a inocência e a vivacidade de seus olhos redondos ou bem seu corpo quente e pequeno de plumagem parda com listras o que, aparentemente, te exalta antes que num piscar de olhos tenha já voado embora.

Ricard Martínez Pinyol

2
Espelhos de sal
Espills de sal

RETORN MENTAL ALS HEMIDELTES

El fang es clivella i en petites macles la bova es rovella.
Bandades de flamencs, ànecs i xatracs esgrafien un cal·ligrama.
   Dues riberes. Dues sagetes. Dues mars. I entre un extrem
i l'altre: el riu, la solitud, els miratges.
   L'istme i els alfacs, la mar de dins i la mar oberta,
i a l'arenal, petxines buides, plomes, ossos de sèpia i canyes.
   Dins l'obscur: l'olor dolça dels arrossars, la xiscladissa
dels ocells menuts. L'olor de la mar, la flaire de l'aire.

RETORNO MENTAL AO DELTA

A lama racha e com pequenas manchas os juncos enferrujam. Bandos de flamingos, patos e gaivotas grafitam um caligrama. Duas margens. Duas flechas de areia. Dois mares. E entre um extremo e outro: o rio, a solidão, as miragens.

O istmo e os bancos de areia, o mar de dentro e o mar aberto, e no areal, conchas vazias, penas, ossos de sépia, restos de cana.

Em meio à escuridão: o cheiro doce dos arrozais, o guincho de pássaros pequenos. A maresia, a fragrância do ar.

AL BOSC LACTI

El canyar remoreja la mirada de l'absent. Només el vent
i el pensament naveguen. El cor és rebel. El llisal fuig.
El gra d'arròs ple de llet s'unfla. L'anguila remunta.
    Escolto un ocell que amb el seu esgarip travessa el bosc lacti.
El silenci no existeix. Hi ha un cingle al revolt i un riu d'aigües
de vidre. Una arrel d'aire creix cap a la infància. Soc un nadador
que travessa lentament un somni. En doblar l'illa de Buda,
el zam-zam suau de les braçades. Avanço entre els joncars
i les vores, un sol de coure vetust fa espitllar la crinera de les ones.
    Espills de sal. Vestigis. Àmfores de temps. El vertigen dels cossos.
La fel. La set. L'inexistent. Ser. Saber que no hem de tornar.

NA FLORESTA LÁCTEA

O canavial murmura o olhar do ausente. Só o vento
e o pensamento navegam. O coração é rebelde. O curimaí escapa.
O grão de arroz cheio de leite incha. A enguia volta.
    Ouço um pássaro com seus gritos a atravessar a floresta láctea.
O silêncio não existe. Há uma falésia na curva e um rio de águas
de vidro. Uma raiz aérea cresce em direção à infância. Sou um nadador que
atravessa lentamente um sonho. Ao dobrar a ilha de Buda,
o zam-zam suave das braçadas. Avanço entre os juncos
e as margens, um sol de cobre vetusto faz cintilar a crista das ondas.
    Espelhos de sal. Vestígios. Ânforas de tempo. A vertigem dos corpos.
O fel. A sede. O inexistente. Ser. Saber que não temos de voltar.

LA PELL SALADA

Llepa'm el coll on s'aferra la sal, la sal salada com totes les besades
que ens donàvem en sortir del blau. Salada com les llàgrimes
de tots els amors perduts i totes les muntanyes amb les fondes
venes de la sal de la terra.

Després de la pluja es desvetllen els camaleons que dormen
al ginebrar. La nit és un gresol que deixa veure la llum d'un altre
sol a l'altre costat de la cúpula.

Els ulls adormits són vidres d'un espill trencat. Respirem i ens
cobrim amb núvols els cabells. La compassió espurneja al cor vora
gleves negres. L'ànima és tan fràgil com aquesta crosta de sal.
Nosaltres som el glaç sideral que emmiralla la terra. Som pedres llises
que alenen, arbres que el vent frega. Potser em torni un
peix abissal o esdevingui la pols de la coa d'un cometa que
es desintegra a la regió de les Plèiades.

A PELE SALGADA

Lambe-me o pescoço onde o sal se agarra, o sal salgado como todos os beijos que nos dávamos ao sair do azul. Salgado como as lágrimas de todos os amores perdidos e todas as montanhas com as veias profundas de sal da terra.

   Depois da chuva despertam os camaleões que dormem nos zimbreiros. A noite é um crisol que deixa ver a luz de outro sol no outro lado da cúpula.

   Os olhos adormecidos são vidros de um espelho quebrado. Respiramos e cobrimos com nuvens os cabelos. A compaixão faísca no coração como uma espada. A alma é tão frágil como esta crosta de sal.

Somos o gelo sideral que reflete a terra. Somos pedras lisas que respiram, árvores que o vento roça. Talvez me torne só um peixe abissal ou venha a ser a poeira da cauda de um cometa que se desintegra na região das Plêiades.

RENILLS

M'he estremit i soc olor i dolor d'un cavall ferit.
Galopo pel serral allà on, xalest, la fúria em desferma.

A cel obert, el meu ull verd llueix com una llàgrima precipitada, però closa en un llac sense parpelles.

RELINCHOS

Estremeci e sou o cheiro e a dor de um cavalo ferido. Galopo pelos montes, onde, alegre, a fúria me liberta.

A céu aberto, meu olho verde brilha como uma lágrima que se precipita, presa em um lago sem pálpebras.

PÈLAG

Cavalco en el carbó de la nit. No sents com brama el pèlag de l'oblit?

Un so balmat dibuixa el buit d'un nom. Em lliuro als sons, als colors que les paraules projecten sobre la retina. Llegeixo l'argila. Escolto la veu de l'aigua, la naturalesa del vent, el prec de cada cosa efímera.

Ara que l'ocell salvatge cova l'ou del somni, convido el cor a sortir de la pedra, la ment, a esqueixar-se.

PÉLAGO

Cavalgo no carvão da noite. Não sentes como urra o mar
do esquecimento?

    Um som cavernal desenha o vazio de um nome. Me entrego
aos sons, às cores que as palavras projetam na retina. Leio a argila.
Escuto a voz da água, a natureza do vento, a prece
de cada coisa efêmera.

    Agora que o pássaro selvagem incuba o ovo do sonho, convido
o coração a sair da pedra, a mente a se libertar.

NÈCTAR I MORT

Ets astre, àncora iridescent, petita ànima, efímer sol, plàncton de pluja, vast hemisferi, arrel de flor, nèctar i mort, bèstia salvatge. Ets nuesa i sang, vidre i rosella, perla soferta, somni invers.

NÉCTAR E MORTE

És astro, âncora iridescente, pequena alma, sol efêmero, plâncton de chuva, vasto hemisfério, raiz de flor, néctar e morte, animal selvagem. És nudez e sangue, vidro e papoula, pérola imutável, sonho inverso.

ESPILL DE LA VEU

Espill de la veu, la paraula tot ho arrisca en la paraula.
 Escolta el missatge de l'arbre i la remor de la pedra. Aprèn
l'immanent en la circulació de la saba i que la passió imanti
l'estella de cada so. Escolta les imatges que de tu naixen i dóna'ls
compàs i aixopluc. Amb els ulls de la terra veuràs la fondària de l'aire.
Veuràs extinció i mort, el desgel de les glaceres, selves en flames.
 Tornaran les abelles a pol·linitzar el llenguatge? Tindrem cera i mel?
Escolta el cos de la veu i, quan t'omplis d'amor,
projecta les seves paraules. Elles són la vibració de l'anhel.

ESPELHO DA VOZ

Espelho da voz, a palavra arrisca tudo na palavra.
Ouve a mensagem da árvore e o rumor da pedra. Aprende
a imanência na circulação da seiva e que a paixão magnetize a lasca
de cada som. Ouve as imagens que nascem de ti e dê-lhes
compasso e abrigo. Com os olhos da terra verás a profundeza do ar.
Verás extinção e morte, o derretimento das geleiras, selvas em chamas.
Voltarão as abelhas a polinizar a linguagem? Teremos cera e mel?
Ouve o corpo da voz e, quando estiver cheio de amor,
projete suas palavras. Elas são a vibração do anseio.

MÀ DE NÚVOL

Diu: — Aquest núvol és un àngel, una canoa del cel.
 Aquest núvol va nàixer a la mar i ve del brogit i de la calma.
Aquest núvol amaga el llamp i la neu, l'arena, la pluja i el glaç.
 Aquest núvol és un ocell de seda, vapor d'aigua,
pols del desert, filaments de cotó, embolcall de les veus callades.
 Aquest núvol és una mà, les plomes d'un ocell sense rostre,
una llacuna engolida, una ombra blanca que sura, pètals,
aigua d'escuma.
 Diu: — No! Aquest núvol és la llum d'un altre dictat que passa
i se'n va, lent com el fum, lent com boira que abraça
la carena i acarona les branques.
 Aquest núvol llisca com un somni, és una forma adormida,
una idea extraviada, un àngel perdut, la llum cega d'antics oceans.

MÃO DE NUVEM

Diz: — Esta nuvem é um anjo, uma canoa do céu.
Esta nuvem nasceu no mar e vem do rumor e da calma.
Esta nuvem esconde raios e neve, areia, chuva e gelo.
Esta nuvem é um pássaro de seda, vapor de água, poeira do deserto, filamentos de algodão, envoltório de vozes caladas.
Esta nuvem é uma mão, as penas de um pássaro sem rosto, uma lagoa engolfada, uma sombra branca que flutua, pétalas, espuma d'água.
Diz: — Não! Esta nuvem é a luz de outro ditado que passa e se vai, lenta como a fumaça, lenta como a névoa que abraça a cadeia de montanhas e acaricia os galhos.
Esta nuvem desliza como um sonho, é uma forma adormecida, uma ideia extraviada, um anjo perdido, a luz cega de antigos oceanos.

Índice/Índex

Tinta de árvore
Tinta d'arbre

A ÁRVORE QUE CRESCE_19
L'ARBRE QUE CREIX_18

SERAFINS E ÁRVORES_21
SERAFINS I ARBRES_20

OS MUNDOS TENSIONAM O ARCO_23
ELS MONS VAN TESANT L'ARC_22

FÍGADO_25
LIVER_24

CEMITÉRIO DE FEZ_27
CEMENTIRI DE FES_26

A NOITE MAIS CALMA_29
LA NIT MÉS ENCALMADA_28

O SONHO DA CISTERNA_31
EL SOMNI DE L'ALJUB_30

PRINCÍPIO E FIM_33
PRINCIPI I FI_32

FLORESTA ENVIDRAÇADA_35
FOREST VIDRIADA_34

A CINZA DOS ESPELHOS_37
LA CENDRA DELS ESPILLS_36

SIDELIGHT_39
SIDELIGHT_38

VÓRTICE_41
VÒRTEX _40

PASSARINHOS_43
OCELLS_42

Espelhos de sal
Espills de sal

RETORNO MENTAL AO DELTA_47
RETORN MENTAL ALS HEMIDELTES_46

NA FLORESTA LÁCTEA_49
AL BOSC LACTI_48

A PELE SALGADA_51
LA PELL SALADA_50

RELINCHOS_53
RENILLS_52

PÉLAGO_55
PÈLAG_54

NÉCTAR E MORTE_57
NÈCTAR I MORT_56

ESPELHO DA VOZ_59
ESPILL DE LA VEU_58

MÃO DE NUVEM_61
MÀ DE NÚVOL_60

Paulo Gil

Cólofon/Colofó
Esta edição *Éramos tão frágeis*
foi desenhada em 2022,
composta na tipografia Syntax,
em São Paulo.
Aquesta edició *Érem tan fràgils*
va ser dissenyada el 2022,
composada en tipografia Syntax,
a São Paulo.